타인의 강물

열린시학
시가 있는 고요아침 · 30

타인의 강물

초판 1쇄 인쇄일 · 2008년 7월 25일
초판 1쇄 발행일 · 2008년 8월 2일

지은이 | 박영무
펴낸이 | 노정자 · 정일근
펴낸곳 | 도서출판 고요아침
주 간 | 이지엽
편 집 | 송지훈

출판 등록 2002년 8월 1일 제 1-3094호
120-814 서울시 서대문구 북가좌동 328-2 동화빌라 101호
전화 | 302-3194~5, 3144
팩스 | 302-3198
e-mail : goyoachim@hanmail.net

ISBN 978-89-6039-178-9(04810)

열린시학

시가 있는 고요아침 • 30

타인의 강물

박영무 시집

고요아침

■ 책머리에

세월 같은 강물은 그침이 없고
강물 같은 세월은 흔적이 없네.
어찌하여 인생은
강물처럼 세월처럼 흐르는 것일까
그 속에서 만남과 이별의 굴레를 쓰고
이렇게 막연히 어떤 의미로 서 있는 돌,
또는 나무이기도 하는 우리네 삶의 사유들이
한 낱 물음표로 남는다.
오랜 기억 속에 생각나는 사람, 씨앗처럼 묻어 두고
나 여기에 닿아 있네.

애독자 여러분의 아낌없는
사랑과 편달을

그리고 함께 흐르는 여울이기를 기대하면서

사랑하는 이 앞에 이 글을 바칩니다

2008년 봄비소리를 들으며
저자드림

차 례

제4부 저 홀로 날아가는 새

제5부 일몰 앞에서

제6부 나의 기도

제7부 흐르는 강물은 다시 만난다

제1부
거울 속의 눈물

사랑하며 용서하며

사랑이 아름다운 꽃이라면
용서보다 더 고운 꽃이 있으랴

삶이란 풀잎에 또록이다 지는
한 방울의 이슬인 것을

덧없는 눈부심이어라
허구헌 날 눈부심이어라

그대는 한 순간의 무엇인가
바늘 끝 밤송이
성난 가시 침 박아두고 살아도
그대는 한 순간의 무엇으로 이랑지는가

벌거숭이 나목들을 보아라.
시들어버린 풀잎들의 숨결소리 들어 보아라

언 가슴 서로를 부둥켜 안고
슬픈 날이 도리어 꽃이 되는

자비의 뿌리를 보아라

너와 나는,
서로에게 초라하지 않아야 한다
눈물보다 더 뜨거운,
사랑보다 더 지극한,
측은함을, 바느질 하는 겸허함지니고 다독이며 살자
해픈 웃음이라도 바시시 웃어버리면
가슴 찌잉하지 않겠는가

우리에겐 아직도
만나야 할 내일이 있다

허물어져도 빛나오는
사랑의 씨앗이 있다

사랑은 용서를 낳고
용서는 사랑을 낳는다

이음새

너는, 나의 것으로 피어있고
나는, 너의 것으로 피어있어도
꽃보라 하염없이 흩날린다.

이 세상을 다 준다는 허구,
허구의 껍질을 말하진 않으리라
차라리, 너를 잊지 않겠노라는 다짐,
순수는 가슴의 골짜기에 씨앗 하나 심는다.

너의 유리알 같은 모습 지워지지 않으리라
속삭임 움터 오르는 날을
기억 속에 묻어 두리라.
잎새 떨어지는 계절의 뒤안길에서
행여, 낙엽 되어 흩어져 갈지라도
슬퍼하지 않으리니
청순한 너의 속삭임

영원한 가슴에 지니고 살리라

천길 벼랑으로 돌멩이가 없이 구른다.
끝없는 울림소리 조각조각 찢기우며

여윈 햇살 허옇게 부스러지는

이음새 사이

노을이 진다

너와 나는,
참으로 질긴 끈이었나 보다.

거울 속의 눈물

한 웅큼의 눈물이
거울 속에서 오열을 한다

거울 속의 눈물이 주룩주룩
주룩비 쏟아 붓는다
눈물 속의 거울이
얼굴을 가리운 손가락 사이로
아하, 멍울진 손가락 사이로
세월 흐르듯 빠져 나와
어디쯤의 강물로 흐른다

거울을 들여다보면
하냥 웃고 있는 너를 만난다.
너는 언제나 거울 속에서 출렁이는
눈물의 바다,
서러운 강물은 끝도 없이 흐르고

이제는
거울 속에서 세월 속으로 침묵하며

맴을 돈다

물레방아처럼 맴을 돌아
맴을 돌아 강물로 흐른다
사랑아,
얼마나 더 많은 눈물을 쏟아 부어야
그리운 너를 놓아 두고
이별의 강물이라 말 할 수 있겠느냐
아직 떠나보내지 않은 이별 앞에서
얼마나 더 많은 세월의 강물을 흘러보내어야만
한 된 그리움 끌어 안고
목 놓아 울어버릴 수 있겠느냐

거울 속의 눈물은 아직 마르지 않았는데
침묵은 너의 차디 찬 강물로 흐르고 있다

제2부

빈 술병

회상(回想)

솔바람이 일어서더니
나를 보며 씽긋 웃는다

나를 보며 씽긋 웃더니
저 혼자 그냥 걸어서 간다

그냥 걸어서 가더니
푸른 숲 푸른 오솔길을 돌아
내게로 다시 걸어온다

내게로 다시 걸어오더니
산새가 되어 우짖는다

우짖다가 - 우짖다가
흰구름이 되어 그냥 훠날은다

솜털같은 흰구름이 소나무가지 사이로
소리 없이 소리없이 내닫는 허공,

허공이여,

지난 날들이 파아랗게 녹아들어
숯불처럼 타오르는 청록색 하늘이여,
가혹하게 불을 지르는 솔바람소리
아슬하고 아슬한 허공이여,

G선상의 아리아

지워도 다시 지워지는
나의 이 그리움

만리동고개

땅에 떨어져도 잘 줍지도 않는
동전 두 개가 납작 엎드린 채
소낙비에 젖고 있다

잘 줍지도 않아서일까
굴러 갈 겨를조차 없는
동전 두 개를 손에 넣으면
만리를 간다는데
인정머리 야박한 아침 하늘에선
주룩비 내린다

우산마저 없는 나그네는
비에 젖은 수탉처럼
어느 가게집 처마 밑에 서 있다.
호주머니를 까발리며
백원짜리 동전 여덟 개를

손에 쥔다.
나그네는 울상이다

백원짜리 두 개가 모자라면
시내버스를 탈 수 없다는데,
소낙비는 베토벤의 운명곡을
연주하듯 주룩주룩 내리고……

식전이라는 불문율을 마다않고
동전 두 개를 건네 주시는
가게집 아주머니의 눈망울이
따스하다
참 따스하다
만리동 고개를 넘는다

황금마차가 굴러간다.

시내버스가 만리동 고개를 넘는다
한웅큼 눈부신 햇살이
빈 손에 넉넉하다

빈 술병

오늘은 눈물보다 더 독한 술을 마신다
혀끝에 부서지는 눈부신 술의 향기
술잔이 먼저 다가 와 입술에 닿는다

술잔에 어리는 얼굴 어루만지며
오늘은 눈물보다 더 독한 술을 마신다
골짜기 같은 가슴은 늘 목이 마르고
심장에 퍼붓고 퍼부어도
하냥 목이 마르다

제 알 속을 다 비워 주고도
까알깔 웃는 빈 술병은
세월의 야적장을 생각하며
칭얼거리고
골목길 불어가는 저- 바람소리 야속함에
고개 떨군다

세월의 바퀴소리 무에 그리 더딘가

오늘은 눈물보다 더 독한 술을 마신다

껍질만 남았구나 빈 술병!
이제야 세속의 술맛을 알았는 지
그 세월 그 바람을 끌어안고 쓰러져운다.
바람도 술에 취하여 쓰러져운다

한 잔의 술은 누가 마시었는가
두 잔의 술은 내가 마시었네

채워지는 술잔은 사랑을 비워내고
비워낸 사랑은 술잔을 채워주네

빈 술병 홀로 피리를 부네

제3부
타인의 강물

눈이 내리는 날이면

눈이 내리는 날이면
온 누리 하-얗게 도배를 하네
옹졸한 세상 길 넓어지려나
눈 발 속으로 혼자 거닐면 너무 외로워
나란한 이와 나란히 거닐고 싶네

눈송이 모양새 천 갈래 만 갈래
다르고 다르다 하더라도
사람의 모양새 천 층 만 층
다르고 다르다 하더라도

하-얀 눈길 거닐면
나는 하-얀 함박눈송이 되어
나란한 이와 나란히 거닐고 싶네

너무 하얀 눈송이라서 외로운 걸까

너무 외로워서 하얀걸까

외롭고 허전한 마음이거든
함박눈송이 채곡채곡
빈 손 가득히 쌓아두라 하네
빈 가슴 가득히 담아두라 하네

빈 손 내밀어 보았네
이 또한 공연한 어리석음인 줄 알면서
빈 손 내밀어 보았네
빈 가슴 내보이고 싶었네

눈송이 쌓일 듯 쌓일 듯
쌓이지 않고
사연 따라 인연 따라
저 마다 빗겨서 가네

싸늘한 바람꼬리에
빈 손만 설레이네
바람개비처럼 돌고 도는 세상사

바람따라 휘날리는
저 기막힌
눈송이들 좀 보게나
나란한 이와 나란히 거닐고 싶네

어차피 돌고 도는 세상사
망각하며 사는 너그러움이
질곡을 다스리는 약이라 하네

허공 우러러 두 눈 감고 서 있노라면
여윈 내 얼굴 마다않고
함박눈 살포시 내려 앉아

눈물처럼 녹아 흐르는 얼굴과 얼굴들 ……

고개 떨구고 거니는 사람
저― 쓸쓸한 뒷모습 멀어져 가네
이 해 겨울도 깊으리니
설국의 나라에서 그대 만나리

보리차 한 잔

다도(茶道)가 무엇인가를
아는 바 없지만,
차(茶) 마시는 법도가 무엇인가를
익힌 바 없지만,
보리차가 차(茶)에 가당한 지
딱히 알 바 없지만,
베어드는 구수한 맛이 정겨워
그리움이 깊다.

추운 날씨 창가에 앉아
글줄을 써 내려 가다가
문득, 달님 같은 교수님 얼굴이
어찌나 생각이 나는 지
보리차 그릇에서 전해져오는
온기를 두 손으로 감싸 쥔다

유리창 밖에는 눈발이 송이 송이 날리고
반달웃음 늘 떠나지 않는 교수님,

평안하신 지 그립다.

겉치레 보다는 속치레가
보리차 속에서 울어나는 다독임을
곰곰이 새겨 넣는다.

매정한 겨울, 살가움도 훈훈하다.
온후하신 교수님 모습이
대낮에도 반달로 뜨는 시간……

타인의 강물

너와 나의 의미로 강이 흐른다

사랑은 기울기의 눈금인가
작은 흔들림에도 퍼어렇게 멍이 들어
가슴 조이고
멀어져 가는 강물소리 뒤채이며.
뒤채이며 풀잎처럼 서걱인다

밤이면, 노오란 민들레 그윽히 피어오르는
너의 향기
물빛 떨려오는 내 가슴으로 스며들어
소리친다. 속 뼈가 휜다.

간곡한 내 그리움 이다지 찬란하여도
미처, 너에게 꺼내어 주질 못하였구나

야멸찬 물결은 갈래지며 어디로 가는가
저 홀로 소리 없이 흔들리며 어디로 가는가

내 슬픈 고독은 스스로의 빗장을 지르며
쓸쓸히 돌을 던진다
돌을 던지는 내 쓸쓸함은 강물 깊이 침몰하며
너를 부른다
너를 부르는 순수의 — 쪽빛 강물소리 —
물 빛 떨려오는 나의 침묵으로 오라

철썩이는 너의 한숨소리
내 가슴으로 껴안아 주려니
깊은 밤에도 속절없이
너와 나의 강은 갈래져 가고
너는 언제나 고운 흔적으로
내게로 다가와 푸른 별로 눕는다

그리고는 너 또한 그렇게
떠나가는 강물처럼.
타인의 유역에서 흐르고 있다

제4부

저 홀로 날아가는 새

풀꽃 한 송이

어디에 살든
무엇으로 살든
아름드리 나무의 가지 끝 아래
굽이 굽이 살아가는
작은 풀꽃들

오늘은 서늘한 그늘로 내려앉는다.

가지 틈새 비집고 내리쬐는 햇살
그 햇살이 가늘고 가늘다.
너무 가늘다.

선한 눈빛, 선한 미소,
선한 몸짓들,
실바람이 스쳐만 가도 하늘거린다.

인정머리, 다소곳 스며드는 인정머리,
서로의 눈물 닦아 주는 옷소매

끈끈한 가슴들
싸르르 싸르르 여미는 슬픔 같은 것

오늘은 서늘한 그늘로 내려앉는다

살다보면 눈물인들 없겠는가
앙금지는 일 없겠는가
엉엉 울어버려도 시원찮은 일 없겠는가

오늘은 이렇쿵
내일은 저렇쿵
억하심정 서로 얽히며 삿대질 하려다가
아서라, 어우러지는

작은 풀꽃들
멍울지고 멍울진 자리 있어도
오늘은 서늘한 그늘로 내려 앉는다.

그늘 속에 피어난 꽃이라 하여
그윽한 향기 없으랴

별과 바람도 살며시 내려앉아
무량한 눈을 뜬다.
주름살져도 늘 가슴이 푸르러서 고운
풀꽃 한 송이

풀꽃 한 송이

도시의 하루

또 하루를 접목하는
삶의 의미들이
고단한 층계를 딛고 뛰어 오른다.

태양은 길다랗게 기지게를 켜고
내일에는 행복하리란 실낱같은 여망이
신작로에서
지하도에서
바람처럼 배회한다.

오늘도 숲처럼 우거지는 발자국소리
피아노의 건반소리일까
소나기 빗방울 소리일까
삶을 조율하며 역동한다.

밀물과 썰물이 교차하는 소용돌이 버거워도

어느 사이 수은등은 어둠을 가르고
또 다른 삶이 실눈을 뜨며 헤엄쳐가는

휘황한 불빛 아래
미완의 현재와 미래가 징검다리를 놓는다
집요한 의욕들이 에스컬레이터에서도 뛰어가는
가파른 땀방울의 이야기들이,
불가사의한 회돌이 물결을 가르며

생존이란 의미를 새김질하는 삶의 시울
삶의 바다는 쉬임없이 그렇게 출렁인다.

기름진 빌딩의 모서리 아래로
녹슨 손수레 허덕이며 끌고 가는
저어기 가난한 사람들에게도
따스한 가슴이 있고

사랑이 숨을 쉬는 간곡함이 눈물처럼 고여 있으리니

왠지, 삶의 허기를 느낀다
왠지, 삶의 격정을 느낀다

노숙자

온기도 없는 차디 찬 맨 돌 위에서
바람을 이불이라 끌어안고 잠이 든
가련한 저 얼굴은 누구일까

한 줌의 햇살마저 그림처럼 떠내려가는
대합실 주변에서, 지하도에서
빈 박스 몇 장 주워다가 사각형 관을 만들어
잠자리에 눕는
파리 목숨으로 눕는
숨결소리들,
콜록, 콜록,
밤의 적막 속으로,
잃어버린 그들의 요람으로,
그들이 일구어 놓은 그늘 속으로

허기진 죽음의 강으로,

난파선의 조각처럼 떠서 흐른다.

내일은 백합 한 송이 피어오르며
춤추는 날이 있을까
덫에 걸린 고양이처럼 웅크린 모양새
떠내려 가고 있어도
떠내려가는 저들을 붙잡아 주지 못한 채
무심히 지나쳐 가는 나는 누구인가

저 홀로 날아가는 새

어느 날 홀연히 날아와서는
저 홀로 우짖다가 날아가는 새여,

입 술 깨물어도 아프지 않는
내 침묵의 공간에서
무지개빛 나래치며 날아가는 새여,

어둠 속에 타오르는 묵념의 빛
조각달로 떠오르는 너는

사금파리 가슴팍에 새겨 넣으며
나즉히 우짖는 밤을
속 뼈로 삭혀 내린다

이다지 잠 못 이루는 나를 어쩌란 말이냐

밤이면 너의 울음소리 하늘 끝 구만리
날으며, 낙엽처럼 내 뜨락에 쌓이고

어느새 내 곁에 날아와서는
잠이든다

잠이 들어도 우짖다가 — 우짖다가
저 홀로 날아가는 새여,

아득히 날아가는 새여,

제5부

일몰 앞에서

사랑은 가도 그리움은 남는다

만났을 때에도
이별일 때에도
고운 물결 고여 오는 사랑이기를

사랑은 고뇌하며 깊어가는 것
말하여 주지 않아도
저 혼자 벙그러지는 석류알 같은 것
너는 언제나 알알이
내 가슴 속에 영글어 눈이 부신 나래를 편다

때로는 까닭 없는 눈물 핑 돌아
달빛 젖어 고이고
달빛 머금은 비누방울 동그라미
날아오른다

속절없는 세월 마디마디

종이학 접어
정처 없이 배 띄워 보내면

그대 앞에 피어나는 꽃이 될 수 있을까
내 마음은 언제나 빈 항아리
사랑은 가도 그리움은 남는다

운명의 길

통나무로 얽어 맨
허술하기 짝이 없는
외나무다리 쓸쓸히 누워 있고
그 위로 함박눈 내려 덮인다.

그대 싣고 떠난 꽃마차는
바퀴자국도 없다.

싸늘히 식어버린 산허리 하아얗구나!
벌써 하얗구나!

술에 취한 바람들이
이별의 술잔을 들고
미친 듯, 미친 듯,
눈보라치며 산릉을 넘어서 간다.

밤이면 말방울소리 짤랑짤랑 울어서 가고
통나무로 얽어 맨 외나무다리

홀로 누워 있어도 잠 못 이룬다.

오솔길 맞은 편 까마득히 눈보라치는 길

너와 나의 알 수 없는
운명의 길

무심결에 씨앗이 하나

가는 길 가노라면
그냥 가야하지 않겠는가

등 돌리고 떠나간 그 길
잊은지 오래

허공에 그려 준 하얀 손짓
잊은지 오래

등 돌리고 떠나 갔으니
하마 지워졌으리라

오늘 다시 뒤돌아 보니
그대 아직 그 자리에 서 있고

꽃 지고 잎새 져도

그대 아직 그 자리에 서 있네.

무념의 시간 속에서도
너의 머릿결 나부낀다

찢기운 깃발처럼 나부껴 온다.

뒤돌아보면 무얼하려는가
모든 것이 허상인 것을

가슴 속에 여물어도 허상인 것을

오늘이 지나고 나면
빈자리일 뿐

무심결에 씨앗이 하나

일몰 앞에서

우리는 어둠 속에 묻히지 않아야 한다.

일몰이 한 순간을 뜨겁게 달아오르며
생명의 숨결 낱낱이 불태워 버릴지라도
우리는 스스로를 절망하며
고뇌의 멍울을 삼키지 않아야 한다.

태양은 저물어도 다시 떠오른다.
어둠의 그늘 속에서도 더욱 빛나오리니
충혈 된 눈을 감고 선지빛 각혈을 하면서도
미소 머금은 꽃송이처럼
향기로운 그런 사랑을 꿈꾼다.

불타는 열정,
불꽃같은 태양이 서산을 넘는다.

산을 넘고, 강을 건너,
드넓은 바다를 가로지르고 있다.

저 드넓은 바다를 거침없이 가로질러 가는
너를
어찌 그리 쉽게
무심히 떠나보낼 수 있겠느냐

결별 앞에서 너의 이름 소리쳐 불러본다.
이 세상의 어느 노래가
일몰 앞에서 조용한 가슴으로 불러 보는 너의 이름처럼
아름다운 울림일 수 있겠느냐
이 세상의 어느 노래가
일몰 앞에서 조용히 흐느끼며 불러보는
너의 이름소리처럼
슬픈 눈물일 수 있겠느냐

사랑아, 내게로 다시 오라
우리는 무엇으로든 어둠 속에 묻히지 않아야 한다
내일은 더욱 찬란한 가슴을 열어
이다지 그리운 사랑 하나로
우리서로 마주 서 있어야 한다

제6부

나의 기도

임진강변에서

천리를 세 번 달리는 길
삼천리 강산이라네
쉬엄쉬엄 달려가세나

뉘라서 그대 버거움을 모르랴
지금은 흘러도 흐르지 않고
반 평생을 멈추어버린 맥박소리
내 안의 수면 속에서 웅어리져 피가 끓는다

피가 끓어 까맣게 재가 되어버린
우리들의 정처 없는 새벽은
속절없이 불타오르고
여념의 횃불 드높이 들어
가로막힌 산릉을 넘나든다
애증의 세월은 강바람을 마시며
어둑한 안개 속을 내닫는

어디 쯤
임진강이 흐르는 유역

너와 나의 앙상해진 몸집을 불태워서라도
공통 분모의 아침을 열자

그대 그리운 뺨에 얼굴 마주 부벼대며
실컷 울어 버리고 싶은 세월이 아니겠느냐

끓어오르는 한(恨)의 숨결소리
움켜쥔 손
하늘과 땅 사이
바르르 떨리는 푸른 물결 격렬하게
아직은, 장벽을 넘는 새벽

"통일이여, 어서오라!"

여 울

밤낮을 가리지 않고
울어서 가더이다
가슴 저리던 그 여름날의
잉걸불 옹아리가 퍼어렇게 녹아들어
뜨거운 들불처럼 용광로 처럼
굽이 치더이다.

깊은 밤,
혼돈의 꿈결에서 잠 깨어나
등신불 홀로 뒤채이노라면
어디선가 들려오는 발자국소리
소녀처럼 가슴은 두근거리고
그대 오리란 설레임 마저
무성한 숲이 되어 흔들려 옵니다.

알 수 없는 곳에서

알 수 없는 곳으로
망연하게 흔들려오는 저 혼돈의

깃발은 또 무엇—
밀폐된 창문을 열어 놓았었도
창문 밖에는 아무도 보이지 않고
고요한 달그림자 외롭게 서 있습니다.

달그림자 너무 고요하여
조심조심 뜨락으로 내려서지만
꽃대궁 꺾어지는 소리, 애수는 더욱 골이 깊어
내 영혼은 달그리자 쓸어안고
나뭇가지 사이에 떠있는 둥근달이 됩니다.

어느 날에나
내 안으로 오시는 여울이시렵니까

너를 위해 노래 부른다

거기 빈 터에 씨 뿌려주고 간
그대 고운 마음 어여뻐
지금은 빨간 장미 한 송이
꽃피어나고 있나보다

언제나 시들지 않으리라던 꽃잎
어느 바람 불어와
이별의 강물 따라 떠내려 가나 보다

힘줄이 불거지는 은하의 강 가에서
그림처럼 떠내려가는
그 꽃잎 바라본다

노을진 강물 따라
노을처럼 떠 내려가는
눈부신 물결 바라본다

나는 무심하지 않았는데

너가 무심해서 이더냐

너가 무심하지 않았는데
내가 무심해서 이더냐

거기 빈 터에 꽃잎 떨어져 쌓인다
그대 어여쁜 마음 떠내려가도
나는 오직, 너를 위해 노래 부른다

나 혼자 남아 있어도
다만, 너를 위해 노래 부른다

나의 기도

마지막 타오르게 하소서
여백의 한 자락까지
불타오르게 하소서

우리들의 하루가 덧 없이
날이 저물고
날이 저무는 날에서야
비로소 또 하나의 하루를 깨닫는
후회스러움에
절망처럼 드밀어오는 어리석음 애틋하여
끈끈한 가슴 여밀지라도
어둠 속에 반짝이는 초롱한 별빛
도리어 때묻지 않고 헛되이지 않게
푸른 꿈 찬란히 자라 오르게 하소서.

안으로 거두어야 할 그대 그리움

너무 깊으오이다
못 다 이룬 세상의 일들이 너무 둔탁하고 무상하오이다

이로 인하여
입술 깨무는 설움의 것들이
켜켜이 자맥질하는 고뇌에 휩싸일지라도
행여, 올 곧음 무너지지 않고
정갈한 꽃무늬 구김살 지는 일 없게
참 생명의 샘물로 거듭나게 하소서.

가을 햇살 쏟아지는 만추의 거리에서
가로수 잎새
우수수

우수수 떨어지는
해묵은 도시의 거리에서

불현듯 옛 생각 다시 일어,

내딛는 발자국 우수수 사무쳐 올지라도
낙엽처럼 바스라지는 사랑 드미는 슬픔

가슴 가득히 치밀어 올지라도
온갖 풍상 참아낸 나무들의 굳건함처럼
또록 또록

영근 별 하나 소중히 간직하게 하소서

세월은 가도 사랑은 강물처럼 흐르더이다
빼앗긴 마음 서러워
남 몰래 흐느껴 우는
한 된 가슴이지 않게
오뇌의 역겨움 거두어 주시고

홀로 서 있어도
내 영혼의 무궁한 향기 썩어 내리지 않고
병들지 않는 — 강인함으로
해맑은 햇살 가득히 채워 주소서

오늘이 남기고 간 어둠 속 머얼리
저녁 종소리 메아리져 갑니다.
당신의 모습 또한 메아리져 갑니다.

아. 그리운 당신!
간구하여도 아득히 멀어져 갑니다.

제7부

흐르는 강물은 다시 만난다

가을 그리고 소녀

가을에는, 가을에는
머언 발치에서
수줍게 걸어오는
단발머리 소녀

마냥, 그 자리 서 있는
검은 눈동자!
하늘 우러르면
하-얀 콧마루
수직선의 하얀 강이 흘렀네.

노오란 은행잎새
한 잎
책갈피에
끼워 넣고는,
고개숙인 채 묵묵히 걸어 간 그 길

해마다 한 백년이 스쳐간 그 길
반·고흐의 소실점 끝머리에서

노오란 잎새 맴돌아 허공에 획을 긋는
가을,
그리고,
소녀,

낙엽을 밟고 가는
소녀의 발자국 소리……

파도여,

드넓은 한 세상 품어 안으려고
맨발의 추억을 적시며
몇 만 리 너울을 빚어
야망의 불길 끝없이 이글거리는
파도여,

한 된 그리움 발돋움 발돋움하며
철석이다가- 부딪히다가,
끝내는 거품으로 드러눕고 마는
파도여,

우리 그리했던 순간들이
비록 힘겨운 거품이었을지라도
우리 열렬했던 그 뜨거움 지니고
물결쳐 오르자
가슴으로 물결쳐 오르자

사무치는 집념 참으로

절실하고 절실했던 우리 사랑이 아니더냐

넘어져도 한사코 일어서며
앞으로 앞으로 나아가는
너의 뚝심이 아니더냐
넘어져도 한사코 철썩이며
한세상 부풀어 오르는
우리들의 밀물이 아니더냐

찬란했던 그날이 그립다
다시 그립다
피 맺힌 눈물 뼈 속 깊이 질끈 동여매고
줄기차게- 더 줄기차게 밀려오는
들물의 노래, 밀물의 노래 부르자

감격의 그 날을 얼싸안고 울어버리자.

너는 아느냐
사랑이 파도였음을

정녕, 알고 있음이더냐

물새 한 마리 외롭게 날아간다.
고개 떨군 채 날아간다.
물결이 굴절하며 날이 저물고
지난날들이 어디선가 수런대며
뜻 모를 편지를 쓰고 있다.
뜻 모를 그림을 그리고 있다.

설레임 끓어 오르는 파도소리
파도소리 허공에 부서져도

별빛 찬연한 가슴으로
한 세상 지워지지 않으려고
억센 힘 밀려오는
파도여,

언제나 푸른 꿈 출렁이는
너를 사랑한다.

사랑아, 서러워 말자

너는 나에게 상처를 주었어도
나는 너에게 사랑을 보낸다.
사랑아, 서러워 말자.

우리에게 슬픔만 주어지는 건 아니란다.
우리에게 미움만 쌓이는 건 아니란다.

우리에게 주어지는 슬픔과 미움이
누구의 것이었느냐고
묻지 말자 캐묻지 말자

슬픔도 미움도 한 순간의 아픔일 뿐
배반의 세월도 한 순간일 뿐
역겨운 마음 비우고 나면
비워낸 자리만큼 그 기쁨 채워지리니
처절한 가슴

응어리진 가슴
방울 방울 눈물을 엮어 너에게 바친다.

사랑아, 서러워 말자.

너와 나, 가까이 좀 더 가까이
서로를 다독이며 살자
다독이며 살아도
모자라고 모자라는 삶이 아니더냐

너를 사랑하는 나의 진실이
변함없기를 기도드린다.
너를 미워하는 번뇌가, 칡넝쿨처럼
내 영혼을 속박하는 사슬이 아니기를
진심으로 기도드린다.

우리에게 지나간 날들이
다신 돌아오지 않을지라도
우리에게 떠나간 사람들이
두 번 다시 돌아오지 않을지라도
서러워 말자.

사랑아, 서러워 말자.

흐르는 강물은 다시 만난다

묵묵히 떠내려가는
작은 잎새에도
길게 와 닿는 산울림이 있고
모서리 넘나드는 실개울 이랑에도
호수처럼 고요한 묵념이 있습니다.

오랜 침묵이 응박혀서
조약돌이 되는 몸부림에도
고운 햇살이 나슬나슬 속삭이며
그리움 움이 트는 사랑이 있습니다

고요한 호수위에 내려앉은
푸른 하늘 행복한 수줍음 흘러도
소낙비 쏟아지는 자국 너무 깊어
물거품 바스라지는 눈물의 흔적 너무 깊어
가슴 떨려 옵니다

무시로 갈래지는 여울물소리

산울림 울어가는 사잇길에
수선화 한 떨기 피어 있습니다

사랑하는 이여,
사랑하는 이여,

흐르는 강물이 다시 만나듯
우리 또한 다시 만나는 날이 있겠지요
그런 날이 있겠지요

아듀,
아듀,

박영무 시인의 시집 출판에 부쳐

조용한 아우성으로 대지를 적시는 단비가 되어
시인은 길거리에 나뒹구는 보잘것없는 돌멩이 하나에도
뜨거운 생명을 불어넣는다.

황토 비린내로 역한 가슴을 달래며 농촌을 일구는 한 촌부도
때로는 메마른 토지에 단비가 되었다가
때로는 황폐한 도시를 휩쓰는 태풍이 되곤 한다.

이해하기 어려운 그의 가슴은
어제를 가다듬는 아버지가 되었다가
문득 오늘을 개탄하는 소년이 되어

열하熱夏를 적시는 소나기처럼
불시不時에 우리를 찾는다.
그가 토해 내 놓은 강변强辯은 꽃이 되어 가슴에 스며 들고

그가 써내려간 넋두리는 웅변이 되어 귓가를 맴돌아 간다.
서투른 마술사처럼 만들어가는 그의 꽃과 웅변은
주막의 아주머니가 끓이는 된장국이 되어
그의 된장국을 먹지 않고는,
내일을 살아가는 데 엄청난
불편함을 겪어야 할 것이다.

오늘을 살아가는 생활의 철학 같은
규범이 공해公害처럼 우리를 지배하지만
오늘 한번 그의 된장국을 먹으며
내장까지 파고든 악습으로 찌든
가슴의 독소毒素를 후련히 씻어보려고 한다.

그는 스스로 바람 부는 광야에 미친 듯 헤매이는

디오게네스가 될지도 모른다.

그래도 그가 피어낸 꽃들은 가끔은 향기롭게 우리를 찾아올 것이다.

2008년 5월 1일

東川 박 준 홍

약력 : 경희대학교 정치외교과 졸업, 동국대학교 대학원 석사과정 졸업 한양대학교 대학원 박사과정 수료, 미국 조오지 워싱턴 대학교 대학원수료

경력 : 국토통일원 연구관(2급)
제1무임소장관실 정무조정실장(1급)
대한축구협회 회장, 2002년 월드컵 유치위원, 녹색회 회장(현), 녹색 문화예술 세계연맹 총재(현)